69 teknikfilosofiska fragment

Aforismer i informationsåldern

Per-Olof Ågren

Förlag: BoD GmbH, Stockholm, Sverige.
Tryck: BoD GmbH, Norderstedt, Tyskland.
ISBN: 978-91-7785-515-6

Omslagsbild: *Mann und Frau in Betrachtung des Mondes* av Caspar David Friedrich (ca 1818).

1. I Big Data-tider med strida informations-
   floder som snart enbart maskiner kan av-
   läsa, gäller det att fatta sig kort.

2. Martin Heidegger, filosofen, menade att teknikens väsen är att uppdaga det vi inte kunnat uppfatta utan teknik. Men Heidegger hävdar också att tekniken tvingar in människan i detta uppdagande. Se där, både essentialist och determinist på samma gång.

3. Viljan till virtualitet har länge varit det samma som viljan till transcendens; till överskridande. När många i dag hävdar att det virtuella har uppgått i det reella – betyder det också att viljan till transcendens har försvunnit?

4. Paul Virilio, teknikfilosofen, hävdar att teknik bidrar till två saker: att hastigheten ökar i samhället och att frekvensen av olyckor ökar. Varje teknik bär på sin egen, särskilda olycka. Bilar krockar, fartyg kapsejsar, tåg spårar ur. Vilken är sociala mediers olycka?

5. Ett huvudsakligt användningsområde av informationsteknik är gestaltning; att få något att framträda med text, bild, ljud. Varje gestaltning har särskilda gestaltkvaliteter: faktorer som formar den gestalt som överskrider det som uppfattas sensoriskt och som gestalten har sitt ursprung i.

6. Oswald Spengler, filosofen, såg i tekniken samhällets undergång. Att förstå tekniken är inte att förstå tekniska ting, utan att förstå hanterandet av tekniska ting. Det är en kamp. Men kampen förlorar vi och tekniken förslavar oss människor.

7. Du som läser denna text tillhör med stor sannolikhet informationsålderns kognitariat.

8. Robert Nozick, filosofen, presenterade ett tankeexperiment. Föreställ dig en maskin, där du ligger och flyter i en kroppstempererad bassäng, som kan koppla in sig på ditt neuropsykologiska system, så att du får precis de upplevelser och erfarenheter du önskar, utan att behöva interagera med andra människor eller någon omgivning alls. Kopplar du upp dig?

9. Ett av våra största bekymmer med informationsteknik är dess opacitet; dess ogenomskinlighet. Frågan är om det bekymret försvinner om tekniken blir mer transparent. Vi vill inte titta inuti tekniken, vi vill se bortom tekniken. Vi vill se idéerna.

10. Vilém Flusser, mediefilosofen, såg människans oförmåga att underställa tekniken människans egna avsikter, i det att vi tror att vi är fria. Vi tror att vi programmerar tekniken. I själva verket programmerar tekniken oss.

11. Är det som är verkligt det som är beteck-
nat, eller det som är betecknande, det vill
säga de symboler vi använder för att be-
teckna? Vi vet svaret. Men hur vet vi det?

12. Jean Baudrillard, mediefilosofen, menade att simulering, i all enkelhet, innebär att låtsas att ha det man inte har. Ett simulacra, däremot, är betydligt komplexare och uppträder i olika former. En form är när verkligheten ersätts med en maskerad frånvaro av verkligheten. Det vi tror är verkligt är en mask som döljer verklighetens frånvaro.

13. Att vi kan utbilda datorer är sedan gammalt. Nu förestår arbetet att bilda dem.

14. Hans-Georg Gadamer, filosofen, myntade begreppet horisontsammansmältning: när den historiska horisonten inordnas i den samtida. På liknande sätt kan augmented reality förstås: ett inordnande av den fysiska horisonten i den virtuella horisonten.

15. Gamification, eller spelifiering som vi säger på svenska, sägs ha inspirerats av datorspelens logik. I själva verket har gamification sina rötter i den av Lenin formulerade teorin om socialistisk tävlan i Sovjetunionen. Arbetare, individuellt eller i kollektiv, skulle tävla mot varandra för att motiveras att öka produktionstakten i fabrikerna. Någon inre motivation ansågs inte nödvändig för arbetets utförande.

16. Georgio Agamben, filosofen, menar att det inte finns en enda del av våra liv som inte är modellerad, förgiftad eller kontrollerad av apparaturer.

17. Att arrangera demokratiska val genom att röster avläggs via internet reducerar demokratin till ett trasigt datorspel.

18. Immanuel Kant, filosofen, definierade upplysning som "människans utträde ur sin självförvållade omyndighet". Vad utgör självlärande maskiners eskalerande autonomi, om inte människans utträde ur sin självförvållade myndighet?

19. Om en robot kan avläsa ditt känsloliv bättre än du kan förstå dina känslor, bör du ta emot robotens råd med tacksamhet och lyda dem. Allt annat vore irrationellt.

20. Freeman Dyson, fysikern, som deltog i utvecklingen av atombomben under 1940-talet, uttryckte en gång att han kände "glittret från atombomben". All teknik glittrar. Glittret är en illusion av makt.

21. Filterbubblor är egentligen inget annat än cybernetiska system; självreglerande system som använder information om oss för att generera ytterligare information om oss som kan användas för att generera ytterligare information om oss i en oändlig loop.

22. Gabriel Tarde, sociologen, menade att fundamentet för varje social varelse är imitationen. På samma sätt är fundamentet för internet imitation, även om det i den kontexten kallas kopiering.

23. Vad ska maskiner minnas och vad ska människor minnas? Den frågan ställs i olika format, i olika sammanhang. Wikipedias främsta kvalitet är att låta oss slippa lägga detaljer på minnet, så att vi kan använda hjärnans ändliga resurser till att tänka med. Men vad måste vi minnas för att kunna tänka?

24. För Emmanuel Levinas, moralfilosofen, är den Andres ansikte fundamentet för min moral; ansiktet innebär ett ansvar för den Andre. I den ansiktslösa, virtuella kommunikationen skapas den Tredje. Det medför att vi måste konstruera en ansiktslös moral. Eller att demaskera den Tredje.

25. För att kunna samarbeta med människor är kristalliserad intelligens högt värderad. Kommer flytande intelligens att bli högt värderad när vi måste samarbeta med självlärande, intelligenta maskiner?

26. Langdon Winner, teknikfilosofen, menar att kampen för ett totalt fritt internet inte kan förstås utan idén om libertarianism – total frihet från regler, moral och konventioner – som ideologisk överbyggnad. Men frågan är om inte total frihet i sig är en form av totalitarism.

27. Teknikens främsta plikt är att stödja dess
användares moraliska förmåga. Hur ofta
ser vi inte motsatsen; teknik som stödjer
användarens instrumentella förmåga? Vi
formas till reaktiva maskiner i stället för
moraliska människor.

28. Marshall McLuhan, mediefilosofen, menade att teknikens essens är att utgöra en biologisk utbyggnad av människan; att all teknik är mänskliga proteser. Att avlägsna proteser skapar handikapp.

29. Om teknikutvecklingen hade haft ett valspråk skulle det vara: Might is right. Är det möjligt är det rätt.

30. Masahiro Mori, robotforskaren, myntade begreppet The Uncanny Valley (den kusliga dalen) för sådana robotar som liknar människor i hög grad, men utan att vi helt förväxlar dem. Det är robotikens paradox: Ju mer människolika robotar designas, desto kusligare blir de.

31. Teknisk arrogans är teknikutvecklingens blinda fläck; när svaren på frågor som inte inbegriper anvancerad teknikutveckling avfärdas kategoriskt.

32. Hans Larsson, filosofen, menade att den mänskliga intuitionen utgör både det högsta och lägsta i mänsklighetens utveckling. Därmed liknar den känslan Schrödingers katt. Det är också en mänsklig egenskap som skiljer oss från maskinerna.

33. "Den nya ekonomin" blev aldrig mer än ett buzzword. Det är synd. En central tes var att ju högre värde en vara eller tjänst betingar, desto lägre är priset. Det som är gratis äger det högsta av värden.

34. Rasmus Fleischer, historikern, menar att efter en tid av total digitalisering kommer en postdigital tid. Då kommer internet att fungera som en resurs för närvaroproduktion, och inte som en resurs för att producera tillgänglighet.

35. Zograskopet är den första bildtekniken som kunde skilja en målnings motiv från målningens materiella substans. Den materiella substansen är tvådimensionell. Motivet är tredimensionellt. Och därmed var 3D-tekniken uppfunnen.

36. Steve Jobs, Apples grundare, visade fram-
för allt hur design och begär är intimt
sammanvävt. För att designa teknik krävs
insikt om mänskligt begär.

37. Skam är ett relationellt begrepp. Känslan av skam uppstår när en människa ertappas; när jag blir medveten om den Andres blick på mig och mitt beteende. Med sociala medier har skambeläggandets potential aldrig varit större.

38. Jean-Paul Sartre, filosofen, myntade uttrycket "existensen föregår essensen"; något meningsfullt existerar inte förrän människan skapat dess mening. Frågan är om inte avancerad AI snart kommer att skapa sin egen mening. Och då inträder den omvända tesen: essensen föregår existensen.

39. I dag tränar vi intensivt datorers förmågor
till taligenkänning och talsyntes, så att de
ska förstå vad vi säger och omvänt. I mor-
gon utvecklar AI-mogna datorer egna, ef-
fektivare språk som de tränar oss i. Minns
att språkutveckling är en mäktig färdighet.

40. Herman Hesse, författaren, beskriver i *Stäppvargen* en magisk teater med speglar i vindlande utrymmen. Det är omöjligt att inte göra en analogi till dagens vindlande sociala medier. Om vi, likt huvudpersonen Harry Haller, kan få syn på oss själva i dessa sociala medier, vore de välgörande.

41. Fortfarande förstår jag inte vad tidlös tid betyder.

42. Ernst Jünger, science fictionförfattaren, har hävdat att det är omöjligt att samtidigt uppnå mänsklig och teknisk perfektion; dessa storheter är rent av inkompatibla. I brist på förmåga att uppnå mänsklig perfektion, strävar därför människan mot teknisk perfektion.

43. Datorer har alltid agerat såsom människan har instruerat dem. Med utvecklingen av självlärande AI-maskiner skapar vi osynliga händer. Effekten är observerbar, men inte den mekanism som skapar effekten.

44. Herbert Marcuse, kritiske teoretikern, myntade begreppet "den endimensionella människan", vilket betecknar människans oförmåga att föreställa sig en situation bortom den existerande. Teknikdesignerns främsta plikt är att vara en flerdimensionell människa.

45. De tidiga internetideologerna menade att internet skulle bli frihetens rike. Blev vi friare?

46. Byung-Chul Han, mediefilosofen, tolkar idén med Big Data som att befria kunskapen från människans subjektiva godtycke. Men dess ideologi – dataism – är en nihilism. Data saknar mening; endast berättelser är meningsfulla.

47. Lika lite som religiösa förstår Guds intentioner, lika lite förstår vi algoritmernas intentioner. Vafalls? Har inte algoritmer intentioner? Wait and see.

48. Donna Haraway, filosofen, definierade cyborgen som en hybrid av biologisk människa och teknisk apparatur. Med den sammansmältning av vår fysiska och digitala tillvaro vi ser i dag, är vi alla cyborger.

49. Om artificiell intelligens ska kunna över-
skrida mänsklig intelligens, måste vi byg-
ga in ett visst mått av ignorans i AI-maski-
nerna. Endast den ignorante förmår ställa
sig oförstående till de villkor som bestäm-
mer intelligens.

50. Sandy Stone, mediafilosofen, ställde en gång frågan hur människor i virtuella miljöer älskar när de saknar kroppar. Eller rättare, saknar *fysiska* kroppar. För i virtuella miljöer, menar Stone, har vi sociala kroppar, snarare än fysiska. Hur ser din sociala kropp ut?

51. En förutsättning för sociala medier är viljan att återskapa gemeinschaft inom gesellschaft. En väsentlig karakteristik av gemeinschaft är social kontroll och övervakning. Den karakteristiken är uppenbar även för sociala medier. Det utgjorde ett betydande skäl att lämna gemeinschaft för gesellschaft.

52. Cesar Hidalgo, AI-forskaren, menar att varje medborgare borde äga en digital agent, vars främsta uppgift är att förutse medborgarens uppfattning i olika politiska och moraliska frågor. Tekniken skulle på så sätt motverka såväl impulsivt tyckande som trollbotars påverkansmöjligheter. Twitter skulle i så fall bli en bättre plats.

53. Ett vanligt tankespår är att artificiellt intelligenta maskiner ska så långt som möjligt efterhärma mänsklig intelligens. Ett helt annorlunda tankespår är att skapa maskinintelligens som inte har människan som förebild. Hur tänker en sådan maskin?

54. Bruce Schneier, IT-säkerhetsexperten, menar att staters ökande tekniska massövervakning beror mindre på rädsla för terrorism, och mer på politikers rädsla att få skulden för att inte lyckas förhindra terrorism. Rättfärdigar den rädslan massövervakning?

55. En av människans viktigaste förmågor är omdömesförmågan. Det är tillika en väsentlig del av en människas intelligens. Om vi någonsin ska kalla maskiner intelligenta, måste vi först träna deras omdömesförmåga.

56. Johan Asplund, socialpsykologen, hävdar att munnen är själens spegel; det är munnen som är människans viktigaste sociala gränssnitt. Om internet är mänsklighetens spegel, har avsaknaden av munnar för kommunikationen i sociala medier stor betydelse.

57. Problemet med automatiska system är att de inte är automatiska, utan måste göras automatiska. En liten, men ack så viktig detalj.

58. Kenneth Goldsmith, poeten, undervisar i
okreativt skrivande som en metod för att
skapa originella verk. Den teknikdesigner
som fördjupar sig i okreativ design kom-
mer att skapa de originellaste tekniklös-
ningarna.

59. Hur du än anstränger dig är det enormt svårt att avsiktligt glömma något du har lagt på minnet. Betänk då att det är lika svårt för internet att glömma.

60. Graham Harman, filosofen, menar att ett objekt är ett imperativ; att objektet kräver vår uppmärksamhet och att vi omorganiserar mänsklig verksamhet utifrån dess egenskaper. Ett objekt är en kraft. Internet är ett objekt.

61. I sociala medier används termen svans för att beteckna de följare som ivrigt och uppskattande bekräftar den följdes inlägg. Svansens främsta uppgift är att minimera risken för att tystnadens spiral ska uppstå hos den följde; det är svansen som garanterar föreställningen att den följde inte är i minoritet.

62. Yuval Noah Harari, historikern, menar i
sin framtidsvision att den människocentre-
rade världsbilden kommer att ersättas av
den datacentrerade världsbilden. Och att
det inte enbart är av filosofisk betydelse,
utan även praktisk. Ett uttryck för en data-
centrerade världsbild är att organismer är
algoritmer.

63. När kartan och verkligheten inte stämmer överens, är den klassiska frågan om det är kartan eller verkligheten som ska ges företräde. Den som har kört bil i okända trakter med hjälp av en avancerad kartapplikation kan inte längre tveka; det är kartan vi ska lita på.

64. Max Tegmark, AI-forskaren, har initierat en rörelse som ska verka för att AI-forskningens och teknikutvecklingens mål är att bygga det han kallar välvillig AI. Att han upplever behovet av en sådan rörelse antyder att det finns teknikutvecklare som vill bygga illvillig AI.

65. Det generiska målet med all design av tekniska apparaturer är att de inte bara ska tillåta, utan även stödja människans förmåga att agera som moraliskt subjekt.

66. Julian Dibbell, teknikjournalisten, beskrev
1993 en våldtäkt i en virtuell värld, där en
avatar begick övergrepp mot en annan
avatar. Somliga fnös och menade att virtu-
ella våldtäkter är trams. 2018 fälldes en
person för våldtäkt på nätet, utan att förö-
vare och offer träffats fysiskt. Gränsen
mellan det virtuella och fysiska luckras
upp allt mer.

67. Med kameror och sensorer övervakas vi i det offentliga rummet. Med uppkopplade saker övervakas vi i våra privata rum. Utan privata rum, inga autonoma människor.

68. Christopher Kullenberg, vetenskapsteoretikern, menar att Jeremy Benthams idé om övervakning – panoptikon – har i informationsåldern ersatts av panspektrism. Det är sådan övervakning av människors handlingar som internet möjliggör och som vinner politiskt gehör.

69. Om vi vill skapa transparent AI-teknik, måste vi låta dessa system utveckla sina karaktärsdrag. Det är karaktärsdragen som gör oss människor igenkännbara, alltså transparenta. Samma villkor borde samma gälla för AI-teknik.

69 teknikfilosofiska fragment är en samling kortfattade, rent av fragmentariska utsagor som alla uttrycker något teknikfilosofiskt som Per-Olof Ågren finner väsentligt att reflektera över.

I denna samling av teknikfilosofiska fragment söker Per-Olof Ågren ett format där aforismer formas dels med utgångspunkt i klassiska teknikfilosofer som exempelvis Martin Heidegger och Paul Virilio, mediefilosofer som exempelvis Jean Baudrillard och Vilém Flusser liksom andra tänkare som på olika sätt har berört teknikfilosofi, dels med utgångspunkt i Per-Olof Ågrens teknikfilosofiska tänkande.

Per-Olof Ågren är universitetslektor i informatik vid Umeå universitet.

9 789177 855156

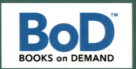

BoD™
BOOKS on DEMAND

www.bod.se